AF410984

# PREMIÈRE IVRESSE !

## COMÉDIE

Représentée pour la première fois, à Paris, sur le théâtre national de l'Odéon
le 22 septembre 1885.

# DES MÊMES AUTEURS

## PAUL BILHAUD



## JULIEN BERR DE TURIQUE




IMPRIMERIE GÉNÉRALE DE CHATILLON-SUR-SEINE. — A. PICHAT.

PAUL BILHAUD & JULIEN BERR DE TURIQUE

# PREMIÈRE IVRESSE !

## COMÉDIE EN UN ACTE, EN PROSE

PRIX : **1** FR. **50**

PARIS

## LIBRAIRIE THÉATRALE

14, RUE DE GRAMMONT, 14

1885

# A M. POREL



*Souvenir bien affectueux.*

P. B. et J. B. T.

# PERSONNAGES

MAZUREL, 35 ans . . . . . . . . . . MM. DUMÉNY.

CARBIGNAC, 35 ans . . . . . . . . . MATRAT.

PIFEU, 50 ans . . . . . . . . . . . BOUDIER.

GRANCHAMP, 25 aus. . . . . . . . . COLIN.

EMMA, 22 ans . . . . . . . . . . . Mlle RACHEL BOYER.

---

A Château-Thierry, de nos jours.

Pour la mise en scène, s'adresser à M. Foucault, régisseur du théâtre national de l'Odéon.

# PREMIÈRE IVRESSE !

Un salon. — Porte au fond. — Portes à droite et à gauche, deuxième plan. — A gauche en scène, un canapé et une petite table à ouvrage, avec une tapisserie et un écheveau de laine. — A droite, en scène deux chaises à une petite distance l'une de l'autre. — A gauche au fond, console sur laquelle sont des petits verres et un flacon. — A droite au fond, table de jeu fermée.

## SCÈNE PREMIÈRE

EMMA, puis GRANCHAMP.

EMMA, rentrant par la droite.

Trois heures ! Et nos joueurs de whist ne sont pas là !... Ce qui m'étonne surtout, c'est que M. Pifeu soit en retard, lui qui demeure en face. (Elle va s'asseoir sur le canapé.) Allons, bon ! voilà ma laine embrouillée !

GRANCHAMP, entrant.

Madame...

Il salue et pose son chapeau sur la table de jeu.

EMMA.

Monsieur Granchamp ! vous arrivez bien, asseyez-vous là.

1

GRANCHAMP, s'asseyant près d'elle *.

Vous avez du nouveau ?

EMMA, lui tendant l'écheveau de laine.

Tendez vos mains.

GRANCHAMP.

Que je...

Il tend les mains.

EMMA, lui mettant l'écheveau dans les mains.

Là... ne bougez plus... vous disiez ?

GRANCHAMP.

Est-ce que vous avez été souffrante ? Je ne vous ai pas vue hier chez les Carbignac.

EMMA.

En effet, nous devions y dîner, mais mon mari a été indisposé...

GRANCHAMP.

M. Mazurel ?...

EMMA.

Ce n'était rien.

GRANCHAMP, après un temps.

Vous avez ma poésie ?

EMMA.

Non.

GRANCHAMP.

Non !

Il s'agite.

EMMA.

Ne remuez donc pas !

* Emma, Granchamp.

GRANCHAMP.

Ne vous ayant pas rencontrée hier soir, j'avais prié madame Carbignac de vous la remettre.

EMMA.

Elle me l'apportera tout à l'heure, en venant.

GRANCHAMP, levant les bras.

Pourvu qu'elle y pense !

EMMA.

Tenez-vous donc tranquille.

GRANCHAMP.

C'est vrai ! mais je suis si troublé, songez donc !... Croyez-vous que la *Revue Fantaisiste* consentira à publier mes vers ?

EMMA.

Mais oui, je m'en charge; la directrice est une ancienne amie de couvent.

GRANCHAMP.

Et le titre? Trouvez-vous qu'il soit bon ? *Première ivresse!*... avec un point d'exclamation. Je tiens beaucoup au point d'exclamation.

EMMA.

Mais, oui... ça ira.

GRANCHAMP, avec feu.

Ah ! comment vous remercier !

EMMA.

En ne bougeant pas... Du reste, c'est fini,là !

Elle a fini de dévider l'écheveau, Granchamp se lève.

GRANCHAMP.

Ah! j'oubliais de vous dire... c'est très important... en recopiant ma poésie, hier, je me suis trompé... au lieu de... refus. (Récitant.) « Je me suis tu sur vos refus. » (Parlé.) J'ai écrit rébus... je me suis tu sur vos...

EMMA, riant.

Rébus ?... Cela ne m'étonne pas, vous passez votre temps à deviner les énigmes des journaux illustrés.

GRANCHAMP.

Que voulez-vous ? On a si peu de distractions à Château-Thierry.

EMMA, se levant.

Vous savez, mon mari a découvert que c'est vous qui envoyez à ces journaux des solutions sous le pseudonyme de l'Œdipe du café de l'Hôtel-de-Ville.

GRANCHAMP.

Il s'est moqué de moi ?

EMMA.

Oh ! sans méchanceté.

GRANCHAMP.

C'est égal, ne lui parlez pas de mes vers avant qu'ils ne soient imprimés, j'aime mieux cela... Et surtout... corrigez rébus.

EMMA.

Soyez tranquille.

GRANCHAMP.

Vous êtes bonne et je vous dédierai mon premier volume.

Il lui baise la main.

EMMA.

Poète, va !

# SCÈNE II

### LES MÊMES, PIFEU *.

PIFEU, passant la tête par la porte du fond.

Est-ce que je vous dérange ?

EMMA.

En quoi pourriez-vous nous déranger, monsieur Pifeu ?

PIFEU, entrant.

Quand une jolie femme et un jeune homme sont en train de causer, avant d'entrer, je ne manque jamais de demander si je les dérange.

EMMA.

Toujours la même plaisanterie.

PIFEU.

Une plaisanterie, non, mais une habitude que j'ai prise depuis le jour où, sans le vouloir, j'ai dérangé ainsi ma pauvre défunte qui causait avec Gustave, mon meilleur ami.

EMMA.

Et, depuis ce temps-là, vous vous imaginez que toutes les femmes agissent comme la vôtre.

PIFEU.

Non, mais je souhaite à leurs maris.

GRANCHAMP, ironique.

On connaît vos théories.

Il remonte et va prendre son chapeau.

* Emma. Pifeu, Granchamp.

EMMA.

Selon vous, il n'y a d'heureux que les maris... malheureux.

PIFEU.

Parfaitement... et je le prouve... attendu que...

GRANCHAMP, redescendant *.

Tenez, vous êtes cynique.

PIFEU.

Philosophe simplement ; mais vous ne pouvez pas me comprendre, vous êtes garçon.

GRANCHAMP.

Pour me convaincre, attendez que je sois marié. (A Emma.) Madame... (Bas.) Je compte sur vous.

Il sort par le fond.

# SCÈNE III

EMMA, PIFEU.

PIFEU.

Mazurel n'est pas là ?

EMMA.

Il est allé chez M. Carbignac.

PIFEU.

Trois heures un quart ! ils devraient être ici tous les deux. Je vais préparer la table de jeu, ça les fera venir.

Il remonte vers la table de jeu.

* Emma, Pifeu, Granchamp.

## SCÈNE TROISIÈME

EMMA.

C'est cela.

PIFEU, redescendant avec la table.

Granchamp m'a traité de cynique, tout à l'heure,
mais l'opération que je fais en ce moment est une nou-
velle preuve à l'appui de ma théorie sur le bonheur en
ménage.

Il pose la table à droite entre les deux chaises.

EMMA.

Vraiment ?

PIFEU, disposant la table tout en parlant.

Mais oui... D'ordinaire, qui est-ce qui va chercher cette
table, l'apporte ici, l'ouvre et prend ces cartes dans ce
tiroir ?

EMMA.

C'est mon mari.

PIFEU.

Ah ! Et pourquoi est-ce votre mari ?

EMMA.

Parce que c'est lui qui joue au whist et non pas moi.

PIFEU.

Pas du tout... c'est parce que vous êtes une femme
honnête, vous.

EMMA.

Je ne saisis pas bien le rapport.

PIFEU, venant s'asseoir près d'Emma.

C'est bien simple. Du vivant de mon épouse, on jouait
aussi chez moi et, dans les premiers temps... avant Gustave... c'était à moi, comme à Mazurel, qu'était laissé le
soin de cette ennuyeuse opération. Puis un jour, tout a
changé. (Il se lève, va à la table de jeu et exécute ce qu'il dit.)

Je ne me suis plus occupé de rien, et quand je voulais
faire ma partie, je trouvais la table préparée, les cartes
dessus, ma chaise devant, je m'asseyais, j'étendais la
main, je saisissais le jeu et je disais : « Voyons à qui de
faire ? » Et quelle était la cause de ce changement heureux ?... Gustave.

EMMA, se levant et ironiquement.

Vous ne rougissez pas en racontant de pareilles hor-
reurs !

PIFEU, se levant.

Rougir ? Ce n'est pas moi qui avais commis la faute.

EMMA.

Voulez-vous que je vous dise ? Eh bien, vous avez tort
de rester veuf, car vous pourriez être encore très heureux avec une autre femme... et M. Gustave.

PIFEU, avec amertume.

Gustave ? Non, nous sommes brouillés.

EMMA, riant.

C'est dommage !


# SCÈNE IV

EMMA, PIFEU, MAZUREL *.

PIFEU.

Allons donc, Mazurel, allons donc ! le whist attend. Et
Carbignac ?

MAZUREL.

Je l'ai rencontré tout à l'heure. Il passe chez lui et nous

* Emma, Mazurel, Pifeu.

rejoint. (Embrassant Emma.) Ah ! madame Carbignac ne viendra pas... Elle a reçu une dépêche, sa tante est malade ; elle est partie pour Paris.

EMMA.

Et moi qui comptais sur elle pour me tenir compagnie pendant que vous jouerez.

MAZUREL.

Bah ! Granchamp viendra ; il te dira des vers ou te fera deviner des énigmes. (A Pifeu.) C'est lui l'Œdipe du café de l'Hôtel-de-Ville ! Est-il bête, ce Grandchamp ! Dire qu'il n'a jamais compris le whist !

EMMA, à part.

Pourvu que Charlotte n'ait pas égaré les vers de ce pauvre garçon !

## SCÈNE V

LES MÊMES, CARBIGNAC, très agité *.

PIFEU.

Ah ! le voilà ! Dépêchez-vous, Carbignac, les cartes s'impatientent.

CARBIGNAC.

Il s'agit bien de cela !

MAZUREL, le regardant.

Qu'est-ce que tu as ? Tu es tout pâle.

Il va à lui.

CARBIGNAC, avec désespoir.

Ah ! mon ami !

* Emma, Carbignac, Mazurel, Pifeu.

1.

EMMA.

Votre tante... Elle est morte?

CARBIGNAC

Ça m'est égal.

EMMA.

Comment !

CARBIGNAC.

Je voulais dire... (A Mazurel, bas.) Eloigne ta femme.

Il tombe assis près de la table de jeu.

PIFEU, à part.

Allons bon ! encore un contre-temps.

MAZUREL, allant à Emma et la poussant doucement vers la gauche.

Ma chère amie, Carbignac a quelque chose à me dire, je ne sais pas quoi, c'est très grave...

EMMA.

Je me retire.

Elle sort par la porte de gauche.


# SCÈNE VI

PIFEU, MAZUREL, CARBIGNAC *.

MAZUREL.

Là, maintenant...

CARBIGNAC.

Ah ! mon ami, quel coup !

MAZUREL.

Tu m'effraies !

* Mazurel, Carbignac, Pifeu.

PIFEU, se rapprochant.

Qu'y a-t-il?

CARBIGNAC, se levant, bas à Mazurel.

Eloigne Pifeu.

MAZUREL.

Pifeu aussi? (A Pifeu.) Dites donc, Pifeu... voulez-vous être bien gentil... J'irai vous rechercher dans cinq minutes.

Il l'entraîne vers le fond.

PIFEU, piqué.

Ah ! bon ! du moment où je suis de trop...

MAZUREL.

Vous n'êtes pas de trop, mais Carbignac voudrait rester seul avec moi.

PIFEU.

Bon, bon, mais il aurait bien pu me le demander lui-même.

Il sort par le fond, pendant que Carbignac gagne la droite en faisant des gestes de menace.

# SCÈNE VII

### MAZUREL, CARBIGNAC *.

MAZUREL, revenant vers Carbignac.

Je t'écoute.

CARBIGNAC.

Ah ! mon ami... je... je n'ose pas !...

* Mazurel, Carbignac.

MAZUREL, souriant.

Est-ce que je suis de trop aussi?

CARBIGNAC, avec force.

Sais-tu ce que j'ai découvert?

MAZUREL.

Non!

CARBIGNAC.

Eh bien!... ma femme me trompe!

MAZUREL, vivement.

Ce n'est pas possible!

CARBIGNAC.

J'en ai la preuve!

Il tire une lettre de sa poche.

MAZUREL.

Cette lettre?

CARBIGNAC.

Oui, cette lettre que ma femme a oublié de serrer, dans la précipitation de son départ, et que j'ai trouvée par terre, auprès de son peignoir.

MAZUREL.

Voyons, voyons, une lettre ne signifie rien.

CARBIGNAC.

Rien?... Ecoute! (Lisant.) *Première ivresse !...* (Parlé.) avec un point d'exclamation!

Lisant.

« J'ai, pendant longtemps, dans mon âme
» Conservé le brûlant secret
» De mon amour pour vous, madame,
» Vous le voyez, je fus discret.

MAZUREL, naïvement.

Ce sont des vers.

CARBIGNAC.

Tiens, oui, je n'avais pas remarqué... j'étais si troublé.
Je poursuis :

Lisant.

> » J'ai gardé pour moi seul mes larmes,
> » Nuls pleurs chez moi ne se sont vus,
> » Et si j'ai parlé de vos charmes,
> » Je me suis tu sur vos... rébus.

MAZUREL.

Rébus?... Je ne comprends pas.

CARBIGNAC.

Moi non plus; mais c'est bien clair! Et la fin, c'est la
fin surtout...

Lisant.

> » Mais puisque j'ai, bonheur suprême,
> » Pu te posséder en mes bras,
> » Laisse-moi crier que je t'aime,
> » A tous tout haut, à toi tout bas! »

Signé : GRANCHAMP !

MAZUREL, stupéfait.

Granchamp! Qu'est-ce qui se serait douté de ça?

CARBIGNAC.

Moi! Depuis longtemps j'avais des soupçons.

MAZUREL.

Tu te figures ça aujourd'hui, à cause de cette lettre...
D'abord, rien ne prouve...

CARBIGNAC.

Je l'ai trouvée dans sa chambre, je te dis !

MAZUREL, prenant la lettre.

Ce n'est pas une raison... Tiens, pas d'adresse, j'en étais
sûr.

CARBIGNAC, reprenant la lettre qu'il remet dans sa poche.

Il y avait une enveloppe.

MAZUREL.

Tu l'as?

CARBIGNAC, passant à gauche *.

Non, je ne l'ai pas, je l'ai déchirée. Je n'y voyais plus, j'étais comme fou. D'ailleurs mon parti est bien pris.

MAZUREL.

Que vas-tu faire?

CARBIGNAC.

Je ne peux pas tuer ma femme... parce qu'elle n'est pas là, mais, en attendant, je vais aller trouver ce Granchamp et le souffleter.

MAZUREL, le retenant.

Le souffleter!... mais réfléchis donc! Si tu le soufflètes, tu seras forcé de te battre .. et si tu te bats, tu peux être blessé... tué même!... ça se saura... et on se moquera de toi... Le mari est toujours ridicule dans ces cas-là.

CARBIGNAC.

Ça m'est égal!

MAZUREL.

Parce que tu ne penses qu'à toi, mais tu as des amis... moi tout le premier, et Pifeu... Si tu n'es plus là, qu'allons-nous devenir?... Songe à notre vieille affection... à notre bonne vie en commun... à notre whist. Je ne te parle pas de Grandchamp, il n'a jamais su le jouer.

CARBIGNAC.

Je veux me venger!

MAZUREL.

Tu as raison, mais pas comme ça!... Tiens, je vais rap-

* Carbignac, Mazurel.

peler Pifeu; il pourra te donner un bon conseil... il a passé
par là. (Appelant.) Pifeu ! Pifeu !

CARBIGNAC.

Je n'entendrai rien !

MAZUREL.

Si, si... Pifeu !

CARBIGNAC, changeant de ton.

Après tout, j'aime autant ça!... Ça en fera un de plus
pour condamner ma femme !


# SCÈNE VIII

LES MÊMES, PIFEU *.

PIFEU.

Ah! c'est fini?

MAZUREL.

Pifeu, un conseil. (A Carbignac.) Explique ton cas... un
ancien confrère.

PIFEU.

Qu'est-ce qu'il y a?

CARBIGNAC.

Il y a que ma femme me trompe avec Granchamp !

PIFEU, serrant la main à Carbignac.

Tous mes compliments.

CARBIGNAC, se dégageant, furieux.

C'est tout ce que vous trouvez à me dire **?...

* Mazurel, Pifeu, Carbignac.
** Mazurel, Carbignac, Pifeu.

MAZUREL.

Attends un peu. (A Pifeu.) Il veut absolument se battre avec Granchamp.

PIFEU.

Ne faites pas ça... vous pouvez attraper un mauvais coup.

MAZUREL.

C'est ce que je lui disais.

CARBIGNAC.

Vous allez peut-être me conseiller de lui faire des excuses !

MAZUREL.

Pas positivement.

CARBIGNAC.

Et de lui serrer la main !

PIFEU.

Pas aujourd'hui, plus tard.

CARBIGNAC, furieux.

Alors vous vous imaginez que je vais recevoir un pareil soufflet sans le rendre?

MAZUREL.

Il ne s'agit pas de soufflet.

PIFEU, haussant les épaules.

Evidemment. Un soufflet, c'est sur la joue et ça se voit tandis que ça, c'est sur...

MAZUREL.

Et ça ne se voit pas.

PIFEU.

Croyez-moi, on s'y fait parfaitement. D'abord on est soigné, dorloté, on se porte bien.

CARBIGNAC.

Moi, je ne veux pas bien me porter!

MAZUREL.

A-t-il mauvais caractère! Parce que ta femme a commis une faute, tu vas te rendre malade?

PIFEU.

C'est absurde!

MAZUREL.

Ah! si c'était toi qui l'avais trompée, je comprendrais que tu aies des remords... mais c'est elle qui est coupable.

PIFEU.

Vous n'y êtes pour rien, vous.

CARBIGNAC, exaspéré.

Vous trouvez? Eh bien, et mon honneur!

PIFEU.

Votre honneur n'est pas en jeu; il s'agit de celui de votre femme. L'honneur n'est pas comme l'argent; ça se place toujours sous le régime dotal, jamais sous celui de la communauté... Sans quoi tous les hommes risqueraient tôt ou tard d'être déshonorés.

MAZUREL.

Il leur suffirait de se marier pour ça.

CABIGNAC.

Comment, c'est toi, toi qui es marié, c'est-à-dire exposé au même accident que le mien... Eh bien! je voudrais te voir à ma place!

MAZUREL.

Mon Dieu! je ne dis pas que cela me ferait plaisir, mais... je suis comme Pifeu, je crois que je m'y habituerais très bien.

PIFEU.

Vous pouvez vous en rapporter à moi.

CARBIGNAC, passant *.

Vous me faites bondir, tous les deux, avec votre habitude !

MAZUREL, le calmant.

Tiens, laisse-moi te citer un exemple. Tu sais que tous les jours je prends un petit verre de quinquina. Le premier jour, j'ai eu toutes les peines du monde à l'avaler, le second, je n'ai pas trop fait la grimace, le troisième, c'était déjà moins mauvais et le dixième jour, j'avoue que je lui trouvais un petit goût sucré.

PIFEU.

L'habitude, parbleu ! j'ai éprouvé ça pour Gustave.

MAZUREL.

Eh bien ! fais comme nous, attends le dixième jour.

CARBIGNAC.

Non, je n'attendrai pas ! je n'aime pas le quinquina !... Et puis, c'en est trop à la fin ! Et je ne sais pas pourquoi je vous écoute. Adieu !

Il remonte.

MAZUREL, le suivant.

Carbignac !

PIFEU.

Où allez-vous ?

CARBIGNAC, dramatique **.

Chez moi, chercher un pistolet pour me battre en duel !

* Carbignac, Mazurel, Pifeu.
** Mazurel, Carbignac, Pifeu.

MAZUREL.

Mais il en faudrait au moins deux... Granchamp n'en
a peut-être pas.

CARBIGNAC.

Tant pis pour lui... je tirerai tout seul!

Il sort par le fond.

## SCÈNE IX

PIFEU, MAZUREL.

MAZUREL.

Carbignac! (Il descend.) Il est capable de faire un malheur !

PIFEU, haussant les épaules.

S'il n'aurait pas mieux fait de faire un whist! Ça l'aurait calmé, et puis il n'aurait pas empêché notre partie.

MAZUREL, brusquement.

Vous êtes un vieil égoïste, vous, avec vos théories immorales.

PIFEU, étonné.

Immorales! Mais vous les souteniez tout à l'heure.

MAZUREL.

Parbleu! pour tâcher de l'apaiser... mais c'est ce qui a
tout gâté; le modèle était au-dessus de ses forces. Vous
êtes un phénomène, vous!

PIFEU.

Merci bien.

MAZUREL.

Endurci dans le métier! Il lui aurait fallu l'exemple de
quelqu'un qui commence... comme lui.

PIFEU, vexé.

Ou vous. (A part.) Attrape !

MAZUREL.

Comment, moi ? (A part.) Au fait, pourquoi pas moi ?

PIFEU.

Alors, nous ne jouons pas aujourd'hui ?

MAZUREL, machinalement.

Mais non, nous ne sommes que deux.

PIFEU, d'un air triomphant.

Ce qui vous prouve que pour s'amuser il faut toujours être trois. (Mazurel plongé en ses réflexions ne bronche pas.) Il n'a pas compris.

MAZUREL, absorbé, à lui-même.

Oui, c'est un moyen...

PIFEU.

Ne pensez donc plus à Carbignac ; il se raisonnera tout seul, comme les autres... Je repasserai dans une heure, d'ici là il sera calmé, (A part, en sortant.) moi, au bout d'une demi-heure !...

Il sort par le fond.


# SCÈNE X

### MAZUREL.


Il n'y a pas à hésiter. Je connais Carbignac, mon malheur le touchera et dans ces cas-là l'exemple vaut mieux que tous les raisonnements. Voyons ! comment m'y prendre ? Bast ! Je m'inspirerai des théories de Pifeu. (Voyant arriver Carbignac.) Lui, déjà ! Alors, il n'a pas vu Granchamp ?... Parfait.

Il gagne la droite.

## SCÈNE XI

### MAZUREL, CARBIGNAC *.

CARBIGNAC, à part, voyant Mazurel.

Je n'ose pas lui dire que le billet n'était pas pour ma femme, je serais forcé de lui apprendre que c'était pour la sienne.

MAZUREL, à part.

Pauvre Carbignac !

CARBIGNAC, à part.

Pauvre Mazurel !... J'ai retrouvé l'enveloppe. (Il tire une enveloppe à moitié déchirée et lit la suscription, à part.) « Madame Mazurel. »

MAZUREL, à part.

Il relit la lettre, ça va le monter... c'est le moment.

CARBIGNAC, à part, cachant l'enveloppe.

Parlons-lui, mon silence lui semblerait bizarre. (Haut, feignant d'apercevoir Mazurel.) Tu étais là ?

MAZUREL.

Je t'attendais... (Mouvement de Carbignac.) Oh ! rassure-toi, je n'essaierai pas de combattre ta douleur.

CARBIGNAC.

Ne parlons plus de cela.

* Carbignac, Mazurel.

MAZUREL.

Je la comprends, va !... je la comprends d'autant mieux que... Ah ! mon ami, quand tu apprendras...

CARBIGNAC.

Quoi donc ?

MAZUREL, jouant l'émotion.

Carbignac !... ma femme...

CARBIGNAC.

Eh bien ?

MAZUREL, après un effort.

Moi aussi !

CARBIGNAC, à part.

Il le sait !

MAZUREL, lui tendant les bras.

Embrassons-nous... mon frère !

CARBIGNAC, se défendant.

Pardon...

MAZUREL, sur un ton de doux reproche.

Tu refuses de m'embrasser ?

CARBIGNAC, à part, avec résignation.

Embrassons-le ! (Ils tombent dans les bras l'un de l'autre. — Au public.) Je ne peux pas lui refuser ça !

Il se dégage.

MAZUREL, tendant de nouveau les bras.

Encore ! (Même jeu. — Au public.) Ça prend !

CARBIGNAC, se dégageant et d'un ton brusque.

Voyons, voyons, ne te laisse pas abattre !...

MAZUREL, doucement.

Je connais tes idées. Nous n'avons pas les mêmes...

C'est égal, le premier coup est aussi dur  pour moi qu'il
l'a été pour toi.

CARBIGNAC.

Ne parlons pas de moi.

MAZUREL.

Si, si.

CARBIGNAC, avec hésitation.

Ta femme?... Tu l'as vue ?

MAZUREL.

Pas encore.

CARBIGNAC.

Comment as-tu appris ?

MAZUREL.

Mais... comme toi.

CARBIGNAC.

Une lettre ! (Avec éclat.) Ils ont donc tous la manie d'é-
crire !

MAZUREL, doucement.

C'est encore heureux... sans cela, comment le saurions-
nous ?

CARBIGNAC, à part.

Il prend bien ça.

MAZUREL.

Nous voilà tous les deux dans la même situation.

CARBIGNAC, à part.

Je n'ai plus le courage de lui dire  maintenant qu'il est
seul. (Il fait asseoir Mazurel sur le canapé. — Haut.) Pauvre ami !...
Ainsi madame Mazurel...

MAZUREL.

Oui, comme madame Carbignac.

CARBIGNAC.

Mais... est-ce que tu te doutes avec qui?

MAZUREL, à part.

Tiens, oui, au fait, il faut quelqu'un. (Haut.) Tu me demandes le nom de... du? Tu vas être bien étonné.

CARBIGNAC.

Je le connais?

MAZUREL.

Granchamp!

CARBIGNAC.

Tu en es sûr? (A part.) Il sait tout.

MAZUREL.

N'est-ce pas extraordinaire cette coïncidence? Le même pour nous deux.

CARBIGNAC, se levant et passant à droite *.

Permets...

MAZUREL, se levant et lui tendant les bras.

Carbignac... embrassons-nous!...

CARBIGNAC, à part résigné.

Embrassons-le.

Ils s'embrassent.

MAZUREL, à part.

Ça prend très bien. (Ils se dégagent. — Haut.) Encore! (Même jeu.)

CARBIGNAC, à part.

Ça le rend expansif.

MAZUREL.

Ah! je te le jure, Carbignac, quand tu es venu tout à

_____
* Mazurel, Carbignac.

l'heure m'annoncer ton malheur et que je te prêchais le calme, la résignation, je ne pensais pas devoir être placé si tôt dans la même situation que la tienne.

CARBIGNAC.

Mais, mon ami, ma situation n'est plus du tout...

MAZUREL, vivement.

Oui, parce que nous ne l'envisageons pas de la même façon, mais nous subissons le même sort. Aussi les conseils que je donnais pour toi, je les suivrai pour moi, nous les suivrons pour nous.

CARBIGNAC, agacé.

Pas du tout... attendu que moi...

MAZUREL, vivement.

Si, si, toi et moi, ça ne fait qu'un. D'ailleurs, on s'habitue à tout, va. Pifeu avait raison. Certainement il est facile de prendre un revolver, de tuer sa femme, l'amant, se tuer ensuite et recommencer le lendemain, mais à quoi ça t'avancera-t-il ?... Réfléchis un peu : si on ne savait pas que votre femme vous trompe... on ne s'en douterait pas.

CARBIGNAC, naïvement.

Naturellement.

MAZUREL, triomphant.

Ah ! tu vois ! Alors si on ne s'en doute pas, on ne souffre pas. Je le sais, je souffre, mais je fais comme si je ne le savais pas, donc je ne souffre pas.

CARBIGNAC, avec conviction.

Tu as peut-être raison.

MAZUREL.

Vois-tu, il en est du mariage comme du quinquina. (Tirant sa montre.) C'est mon heure. (Allant à la console et se versant un verre de quinquina *.) Je ne peux plus m'en passer maintenant. En veux-tu un verre ?

CARBIGNAC, refusant.

Merci !

MAZUREL.

Si, si, prends... Tu me feras plaisir. (Il lui tend un verre.) A ta santé !

CARBIGNAC, prenant le verre.

A ta santé !

MAZUREL.

A notre résignation !

CARBIGNAC, protestant.

Notre résignation !...

MAZUREL, lui coupant la parole.

A notre bonheur ! Car nous serons heureux tout de même, Carbignac, une fois l'habitude prise.

CARBIGNAC.

Mais...

MAZUREL.

J'en reviens toujours à mon quinquina. La philosophie de toute chose, le but à rechercher, le désirable à saisir... (Buvant.) c'est le petit goût sucré.

CARBIGNAC.

Evidemment.

Il boit et fait une affreuse grimace.

MAZUREL.

Ta femme entrerait, par exemple, qu'est-ce que tu ferais ?

* Mazurel, Carbignac.

CARBIGNAC.

Mon Dieu... je...

MAZUREL, voyant entrer Emma.

Voici la mienne... je vais te montrer ce qu'il faut faire.

CARBIGNAC, stupéfait, à part.

Eh bien ! ma foi, c'est un bonheur que ce malheur soit tombé sur lui.


# SCÈNE XII

MAZUREL, CARBIGNAC, EMMA, portant un bol de lait.


MAZUREL, s'avançant vers Emma et très aimable *.

Ah ! ma chère Emma .. ma bonne petite femme... qu'est-ce que tu m'apportes là ?

EMMA.

Ton bol de lait, mon ami.

MAZUREL.

Ah ! c'est vrai, j'oubliais. (A Carbignac.) On m'ordonne du lait après mon quinquina. (A Emma.) Donne.

EMMA.

Prends garde, je me brûle les doigts, il est bouillant.

MAZUREL.

Tu fais bien de me prévenir, pose-le sur la table... veux-tu ?

Emma pose le bol sur la table à ouvrage.

CARBIGNAC, qui a suivi tout ce manège, à part.

Il est surprenant.

* Emma, Mazurel, Carbignac.

EMMA.

Eh bien ! elle est terminée cette conférence ?

MAZUREL.

Oui, chère amie. Et sais-tu de qui nous parlions ? De toi. Carbignac me vantait son bonheur en ménage... et je lui répondais en lui vantant le mien.

*Il passe le bras de sa femme sous le sien.*

CARBIGNAC, à part.

Ce n'est plus du courage, c'est de la vertu.

EMMA.

Le fait est que vous n'avez à vous plaindre ni l'un ni l'autre.

MAZUREL.

Oh non ! Et dire qu'il y a des imbéciles qui s'obstinent à rester garçons... tandis qu'en se mariant, on peut être si heureux. (*Abandonnant le bras de sa femme.*) Car nous, nous sommes heureux, n'est-ce pas, Carbignac ? Tu es heureux, je suis heureux.

CARBIGNAC, à part.

Il est trop calme, je crains une réaction...

EMMA.

Comment? M. Pifeu est parti? Eh bien, et votre whist?

MAZUREL.

Oh! je n'étais pas en train ! (A Carbignac, bas.) Admire-moi, je vais faire un mot. (A Emma.) J'avais un peu mal à la tête.

EMMA.

Tu n'es pas souffrant?

MAZUREL.

Non, c'est presque passé? Veux-tu me guérir tout à fait?

*Il prend Emma par la taille.*

EMMA, se dégageant.

Eh bien, qu'est-ce que tu as ?

CARBIGNAC, à part.

Il veut l'étrangler. La réaction, parbleu !

MAZUREL, à Emma.

N'aie donc pas peur.

Il l'embrasse.

CARBIGNAC, à part, stupéfait.

Oh !

MAZUREL, à Carbignac.

Le voilà, le petit goût sucré.

EMMA, à part.

Comme il est aimable, aujourd'hui !

Elle s'assied sur le canapé et prend sa tapisserie.

MAZUREL, à Carbignac, bas.

Promets-moi que, sitôt ta femme de retour, tu l'embrasseras comme je viens d'embrasser la mienne.

CARBIGNAC.

Je te le promets. (A part.) Pour ce que ça me coûte.

MAZUREL, à part.

Je crois qu'il est calme. Je peux prendre mon lait.

Il prend le bol de lait.


# SCÈNE XIII

LES MÊMES, GRANDCHAMP, arrivant par le fond.

MAZUREL, à part, très inquiet, se dirigeant vers Carbignac avec le bol.

Ah ! Granchamp ! voilà ce que je craignais !... Carbignac ne pourra pas se contenir !

2.

CARBIGNAC, à part.

Granchamp! ça va se gâter.

MAZUREL, lui tendant le bol.

Tiens, tiens, prends ça!

CARBIGNAC, sans comprendre.

Ce bol?

MAZUREL.

Prends donc. (Il le lui donne de force, à part.) Ça lui occu-
pera les mains.

CARBIGNAC, à part.

Il me le donne parce qu'il a peur de le lui jeter à la
tête.

GRANCHAMP *.

Madame... messieurs... (A Mazurel.) Alors, ça va mieux
cette indisposition d'hier soir? Ce n'était rien?

MAZUREL, tranquillement.

Non rien... un léger... mal de tête. (A Carbignac.) Tu
vois... encore un mot.

CARBIGNAC, à part.

C'est le même.

Granchamp serre la main à Mazurel, il la tend à Carbignac.
Celui-ci, embarrassé par le bol, ne la lui serre pas.

MAZUREL, à Carbignac.

M. Granchamp te tend la main.

CARBIGNAC, montrant le bol.

Je ne peux pas.

MAZUREL, vivement à Granchamp.

Il ne peut pas, en effet... à cause du bol. (A Granchamp.)

* Emma, Granchamp, Mazurel, Carbignac.

Mais vous n'y perdrez rien, tenez... (Il serre la main de Granchamp.) de sa part.

CARBIGNAC, à part, stupéfait.

Pifeu est dépassé !

Il boit le bol destiné à Mazurel et le pose sur la table de jeu.

MAZUREL, à Granchamp.

Eh bien ! jeune homme, la poésie, ça va toujours?

CARBIGNAC, à part.

Il joue avec le feu !

MAZUREL, à Granchamp.

Les vers incendiaires... les déclarations en alexan-
drins...

GRANCHAMP.

Oui, j'écrivaille un peu. (A part.) Il se moque de moi,
bourgeois, va !

MAZUREL.

Vous ne faites pas que cela.

CARBIGNAC, bas, à Mazurel.

Je t'en prie, Mazurel.

MAZUREL, à Granchamp.

Je connais votre faible... Ce sont les rébus... les petits
rébus. (Il ricane.) Ah! ah !

GRANCHAMP.

Les rébus? (A Emma.) Il a lu ma poésie ?

Il s'assied près d'elle.

EMMA.

Mais non, c'est un hasard.

MAZUREL, à Carbignac.

Eh bien? comment me trouves-tu avec lui?

CARBIGNAC, avec admiration.

Il ne te reste plus qu'à l'inviter à dîner.

MAZUREL, naïvement.

Tiens! je n'y pensais pas. Dites, donc, Granchamp, voulez-vous me faire l'amitié de dîner avec nous?

GRANCHAMP.

Non, merci, je n'ai pas prévenu chez moi.

MAZUREL.

Ce n'est pas une raison. Allez prévenir. Nous vous at· tendrons.

GRANCHAMP.

Je ne sais si je dois...

MAZUREL.

Insiste donc, Emma, insiste.

CARBIGNAC, à part.

Ce n'est plus de la grandeur d'âme, c'est de la voca- tion.

EMMA.

M. Granchamp, je n'admets pas qu'on se fasse prier.

GRANCHAMP.

En ce cas, j'obéis. Je me sauve pour revenir.

Il sort par le fond.

EMMA.

Et moi, je vais stimuler ma cuisinière.

Elle sort par la gauche.

# SCÈNE XIV

### MAZUREL, CARBIGNAC.

#### MAZUREL.

Tu l'entends! elle va stimuler sa cuisinière, surveiller le menu... et pourquoi? Parce que Granchamp dîne avec nous! Crois-moi, Carbignac, je suis dans les bons principes... Ah! mon lait!

*Il va à la table.*

#### CARBIGNAC, à part *.

Moi qui l'ai bu!

#### MAZUREL, prenant le bol.

Oh! c'est curieux! Regarde l'influence de la situation. Moi qui prends toujours mon lait à contre-cœur, je l'ai bu sans m'en apercevoir.

#### CARBIGNAC, ahuri.

Tu dépasses la somme d'admiration dont je suis capable de disposer.

#### MAZUREL, lui serrant les mains avec élan.

Merci! Enfin, voilà donc la bonne parole que j'attendais! Eh bien! maintenant tout est rentré dans l'ordre, nous sommes calmés, Pifeu va revenir et nous allons faire notre petit whist.

*Il va à la table de jeu arranger les cartes.*

#### CARBIGNAC.

Je veux bien, mais auparavant, car je vois qu'il n'y a plus d'inconvénient à cela, je vais te remettre la lettre de Granchamp.

* Carbignac, Mazurel.

MAZUREL.

Que veux-tu que j'en fasse?

CARBIGNAC.

Elle te revient... de droit.

MAZUREL.

De droit?

CARBIGNAC.

Ah! je puis te le dire à présent : ma femme ne me trompe pas et ne m'a jamais trompé. Voilà.

MAZUREL, avec joie, venant à lui.

Pas possible!

CARBIGNAC, riant.

C'est moi qui me suis trompé! (Lui donnant la lettre et d'un ton très naturel.) Tiens, elle est pour ta femme, avec celle que tu as trouvée, ça fera deux.

MAZUREL, reste un instant sans comprendre, puis il prend la lettre et lit l'adresse.

« Madame Mazurel. » Mais alors, c'était donc vrai ? Ma femme me trompe !

CARBIGNAC, simplement.

Tu le sais bien. Voilà une heure que tu t'en glorifies.

MAZUREL.

Moi! Jamais de la vie! Je te l'avais fait croire parce que je te voyais hors de toi, prêt à commettre un malheur!..

CARBIGNAC.

Allons donc!

MAZUREL.

Je jouais la comédie pour toi. Et c'était vrai! Ah!

Il se promène très agité.

CARBIGNAC, à part [*].

Eh bien ! je viens de faire un beau coup !

MAZUREL.

Oh ! les misérables ! Où sont-ils ? Ensemble, parbleu !

*Il remonte.*

CARBIGNAC, le retenant.

Voyons, Mazurel.

MAZUREL.

Je vais les tuer !

CARBIGNAC.

Ecoute-moi.

MAZUREL

Après !

CARBIGNAC.

Après ? Il sera bien temps ! Je t'en prie, du calme.

MAZUREL, descendant à gauche.

Tu es superbe avec ton calme, quand je reçois un pareil soufflet !

CARBIGNAC, conciliant.

D'abord, un soufflet, c'est sur la joue... et ça se voit...
tandis que...

MAZUREL.

Et mon honneur, qu'est-ce que tu en fais, de mon honneur ?

CARBIGNAC.

Il n'est pas en jeu puisqu'il s'agit de ta femme.

MAZUREL.

Tu trouves, toi ! je voudrais bien te voir à ma place.

[*] Mazurel, Carbignac.

CARBIGNAC.

Tu m'y as vu... et j'étais très résigné.

MAZUREL, passant.

Résigné? Tu voulais tout casser !

CARBIGNAC, le suivant *.

Le premier mouvement, je ne dis pas. Mais après...
on s'y fait très bien... tu me le disais toi-même... pense
au quinquina... le petit goût sucré.

MAZUREL.

Des phrases! des phrases !

CARBIGNAC.

Inspire-toi de Pifeu.

MAZUREL, hors de lui.

Pifeu! Il ose me parler de Pifeu !

Il s'élance vers le fond.

CARBIGNAC, l'étreignant.

Mazurel! je ne te quitte pas!

MAZUREL, froidement.

Écoute-moi, Carbignac, si tu m'empêches de les tuer
aujourd'hui, demain, je les couperai en petits mor-
ceaux.

Il descend près de la table de jeu et s'assied accablé.

CARBIGNAC, à part.

Un homme qui me prêchait le calme! Croyez donc
après ça aux professions de foi !

* Carbignac, Mazurel.

# SCÈNE XV

## MAZUREL, CARBIGNAC, PIFEU.

PIFEU, à part.

Ça a l'air d'aller mieux. (Allant à Mazurel et désignant Carbignac.) Eh bien, est-il revenu de ses idées absurdes?

MAZUREL *.

Ça ne vous regarde pas; vous m'ennuyez!

PIFEU, étonné.

Comment, c'est Carbignac qui est trompé et c'est Mazurel qui se fâche?

MAZUREL, à lui-même, frappant sur la table.

Et dire que je viens de l'inviter à dîner!

PIFEU, à Carbignac, désignant Mazurel.

Qu'est-ce qu'il y a?

CARBIGNAC, confidentiellement.

Il y a que les rôles sont changés. Ce n'est plus moi, c'est lui.

PIFEU.

Allons donc! (Allant à Mazurel.) Mon cher Mazurel, je n'ai pas deux façons de voir, et je ne puis que vous répéter ce que je disais tout à l'heure à votre ami : tous mes compliments, ils sont sincères, croyez-le bien.

Il lui serre la main.

MAZUREL, se levant et pleurant presque.

C'est épouvantable! Une femme que j'adorais.

Il passe au milieu.

* Carbignac, Pifeu, Mazurel.

3

CARBIGNAC, vivement.

Elle t'aime aussi. Peut-être ne s'est-il encore rien passé ; qui sait ? une erreur...

PIFEU, ricanant.

Une erreur ! Quand je suis entré, ils s'embrassaient.

MAZUREL, furieux.

Ils !... Oh ! ça ne se passera pas comme ça...

Il saisit une chaise et la brandit.

CARBIGNAC, la lui arrachant.

Laisse ça... c'est fait pour s'asseoir !

MAZUREL, gagnant la gauche.

Je vous dis que je ne suis plus maître de moi... Mon sang bout ! je vois rouge !

PIFEU.

Voyons, ne confondons pas les couleurs.


# SCÈNE XVI

### MAZUREL, CARBIGNAC, PIFEU, GRANCHAMP.


GRANCHAMP, à part, tenant un bouquet qu'il cache derrière lui.

J'apporte quelques fleurs pour madame Mazurel... C'est bien le moins.

MAZUREL, l'apercevant.

Ah ! vous voilà, monsieur !

GRANCHAMP, étonné *.

Je suis en retard ?

* Carbignac, Mazurel, Granchamp, Pifeu.

MAZUREL, avec une rage contenue.

Alors, vous venez comme ça dîner avec moi!...

GRANCHAMP.

Sans doute, ne m'avez-vous pas invité?

MAZUREL.

Et vous vous figurez que nous allons nous mettre à table, tout simplement?

GRANCHAMP.

Oui, je vous en prie, pas de cérémonies.

MAZUREL, à Carbignac.

Il ose plaisanter... (A Granchamp.) Vous ne me demandez
pas si ma femme est là.

GRANCHAMP, se retournant vers Pifeu.

Qu'est-ce qu'il a donc?

MAZUREL, voyant le bouquet.

Un bouquet! Il apporte un bouquet!

GRANCHAMP, se retournant vers Mazurel et présentant son bouquet.

Oui, c'est pour...

MAZUREL.

Pour moi, peut-être?

GRANCHAMP, riant sans comprendre.

Non... c'est pour...

CARBIGNAC, essayant de détourner l'orage, à Granchamp, bas *.

Taisez-vous donc!... (Haut.) Je devine, c'est pour Pifeu...
des échantillons de fleurs.

GRANCHAMP.

Pas du tout, c'est pour madame Mazurel.

* Mazurel, Carbignac, Granchamp, Pifeu.

MAZUREL.

Je m'en doutais !

GRANCHAMP.

Et si vous voulez le lui remettre.

Il tend le bouquet à Mazurel.

MAZUREL.

C'est moi qu'il charge de la commission !

CARBIGNAC, prenant le bouquet, à Granchamp.

Taisez-vous donc ! (Haut.) Il ne peut pas... L'odeur des fleurs l'indispose, mais je le remettrai à sa femme de sa part... de votre part. (Au public.) Ça sauve la situation.

Carbignac veut remonter, Mazurel l'arrête et le fait passer à gauche *.

MAZUREL, à Granchamp.

Et qu'est-ce qu'il y a dans ce bouquet ?

GRANCHAMP, naïvement.

Mais... des fleurs.

MAZUREL.

Des fleurs !... Vous voulez me faire croire ça. Il doit y avoir aussi un rébus... car je sais tout, monsieur.

GRANCHAMP, sans comprendre.

Il sait tout !

PIFEU, à part.

Voilà qui va se gâter.

MAZUREL, furieux de plus en plus.

Ah ! vous êtes un fameux poète, vous !

GRANCHAMP, croyant comprendre, à part.

Ah ! Il a lu ma pièce ! (A Mazurel.) Madame Mazurel vous a mis au courant.

* Carbignac, Mazurel, Granchamp, Pifeu.

CARBIGNAC, à part.

Ça, c'est de la naïveté.

GRANCHAMP.

Je l'avais priée de ne vous parler de rien... Mais les mystères sont inutiles.

PIFEU, à part.

Il me plaît ce garçon-là, il est franc.

GRANCHAMP, à Mazurel.

Je ne voulais pas d'abord... Je ne me sentais pas très sûr de moi... Mais madame Mazurel a eu l'amabilité d'insister... et comme on ne peut rien refuser à une jolie femme... j'ai cédé.

MAZUREL, au comble de l'exaspération.

Il me dit ça, en face !

GRANCHAMP.

J'espère qu'on lui fera des compliments à mon sujet...

CARBIGNAC, à part.

Il va un peu loin.

MAZUREL, au comble de la rage, à Carbignac.

Et tu veux m'empêcher de l'assommer...

CARBIGNAC, le contenant.

Non,... mais pas devant ta femme.

MAZUREL, se calmant.

Tu as raison, je vais commencer par elle.

## SCÈNE XVII

MAZUREL, CARBIGNAC, PIFEU, GRANCHAMP, EMMA *.

MAZUREL, présentant la lettre à Emma.

Reconnaissez-vous cela, madame?

EMMA, regardant.

Ce sont des vers.

MAZUREL.

Inutile de feindre.

EMMA.

Feindre?

MAZUREL, désignant Granchamp.

Monsieur m'a tout dit...

EMMA.

Ah? Eh bien ! il a eu raison.

CARBIGNAC, scandalisé.

Oh !

EMMA, à Mazurel.

Puisque tu sais tout, mon ami, je n'ai plus rien à te cacher. Du reste, la chose a bien peu d'importance. (Souriant et se tournant du côté de Granchamp.) Oui, nous sommes complices.

MAZUREL.

Oh !

EMMA.

Ou plutôt, non, c'est moi qui suis la seule coupable.

* Emma, Mazurel, Carbignac, Pifeu, Granchamp.

Il n'osait pas, j'ai insisté; je l'ai pris par l'amour-propre.

Mazurel accablé défaille entre les bras de Carbignac et de Pifeu.

CARBIGNAC, serrant la main à Mazurel.

Du courage.

PIFEU, même jeu.

Il vaut mieux être fixé; ce qu'il y a de terrible, voyez-vous, c'est l'incertitude.

EMMA, avec réflexion.

Mais comment as-tu ces vers? M. Granchamp les avait remis à madame Carbignac qui était chargée de me les donner.

MAZUREL.

Je le savais.

EMMA.

Eh bien! rends-les moi, ces vers.

MAZUREL.

Les rendre! jamais!

EMMA.

Mais, j'en ai besoin.

MAZUREL.

Ah! vous en avez besoin! Et pourquoi faire, madame?

EMMA, étonnée.

Pour les envoyer à la *Revue Fantaisiste* et les faire imprimer.

MAZUREL, tombant sur le canapé.

Imprimer?... Elle veut publier mon déshonneur!

EMMA.

Je l'ai promis à M. Granchamp. Tu sais bien que la directrice est une de mes amies de couvent.

MAZUREL, sans comprendre.

La directrice ? de quoi ?

EMMA.

De la revue... à laquelle la poésie de M. Granchamp
est destinée.

MAZUREL, commençant à comprendre.

Comment... la Revue... alors il s'agissait de... et non
pas de...? (Se levant.) et ces vers... ça n'était pas pour
toi ?

EMMA.

Mais si.

MAZUREL.

Oui, c'était pour toi, mais pas pour toi ; je me comprends... Carbignac aussi me comprend.

CARBIGNAC

Parbleu !

MAZUREL, à Carbignac en lui serrant les mains.

Etais-tu assez bête !

CARBIGNAC.

Et toi assez stupide !...

MAZUREL, à Emma.

Ah ! ma chère femme !

Il l'embrasse avec force.

CARBIGNAC, à Pifeu.

Eh bien ! tout est arrangé.

PIFEU, philosophiquement.

Oui, c'est à recommencer. Ce que j'y vois de plus clair,
c'est que nous allons pouvoir faire notre partie de whist.

Il va à la table avec Carbignac. — Emma s'assied sur le canapé
et prend sa tapisserie.

MAZUREL *.

Maintenant, oui. (Serrant la main à Granchamp.) Ce cher Granchamp! Ils sont très bien, vos vers.

GRANCHAMP.

Oui... Seulement il y a un mot à changer... rébus.

MAZUREL.

Rébus ?... Vous voulez changer rébus?... Vous avez tort... le mot est charmant.

PIFEU, appelant.

Allons, Mazurel !

MAZUREL.

Voilà. (A Granchamp, en le faisant passer près d'Emma.) Vous, monsieur le poète, je vous permets de faire la cour à ma femme. (Il rejoint les joueurs qui sont placés ainsi : Carbignac à gauche de la table, Pifeu à droite et Mazurel entre eux, face au public. — Il choisit une carte.) Un trois !... Je fais le mort.

PIFEU.

Voilà une heure que je vous donne ce conseil-là.

CARBIGNAC.

Eh bien ! crois-tu encore qu'on s'y habitue ?

MAZUREL.

Oui, quand on ne le sait pas.

* Emma, Mazurel, Granchamp, Carbignac, Pifeu.

Rideau.

FIN

Imprimerie générale de Châtillon-sur-Seine. — A. Pichat

# A LA MÊME LIBRAIRIE :



---


IMPRIMERIE GÉNÉRALE DE CHATILLON-SUR-SEINE — A. PICHAT